G

19197

BIBLIOTHÈQUE PORTATIVE

DES VOYAGES.

TOME XLII.

BIBLIOTHÈQUE PORTATIVE

DES VOYAGES,

TRADUITE DE L'ANGLAIS

PAR MM. HENRY ET BRETON.

TOME XLII.

ATLAS DE BARROW.

PARIS,

Chez M.me V.e LEPETIT, Libraire rue Pavée-Saint-André-des-Arcs, N.º 2.

1817.

Portrait de Van-ta-gin

PL. II.

Jonque pour les Voyages de long Cours.

PL. III.

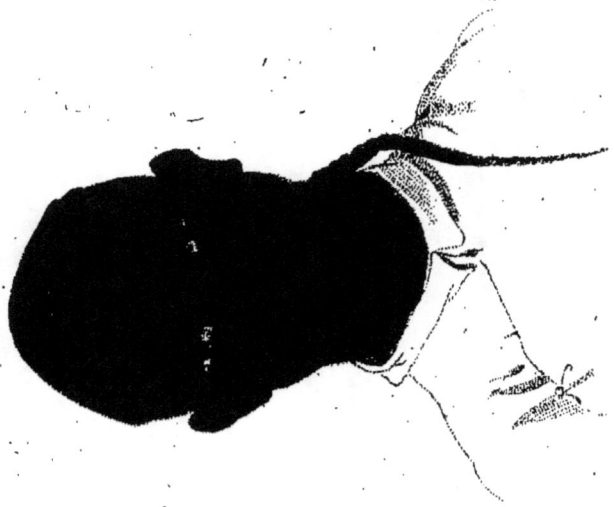

Chinois et Hottentot.

Brouette à Voile.

PL. V.

Porte de Pékin.

Palais de Yuen-min-Yuen.

PL. VII.

Parc oriental de Ge-hol.

Jardins du Palais Impérial, à Pékin

人   Jin,   *Homme*.   方   Fang, *Espace, ou Quarré de Terre*.

口   Keou, *une Bouche*.   月   Yue, *la Lune*.

土   Ti,   *Terre*.   日   Y,   *le Soleil*.

子   Tse, *un Fils*.   木   Mo, *un Arbre*.

屮   Tsao, *une Plante*.   水   Chouy, *de L'eau*.

山   Chan, *une Montagne*.   火   Hro, *du Feu*.

心   Sin, *un Cœur*.   石   Che, *une Pierre*.

毋   *Mere*   田   *Terrain cultivé*   福   *Suprême félicité*

器   *Ouvrage ou Instrument de Mécanique*   男   *Mâle*   *Eloquence*

MONNOIE CHINOISE.

Tchien-long *
Pao-tong

Po-tchin

Face
Monnoie Courante

Revers
Dynastie des Tchin

* *C'est le nom de l'Empereur alors Regnant.*

Caractères Chinois & Médailles.

Pièce de campagne de la longueur et du calibre
des Canons de Rempart, mais plus épais.

Pièce de Campagne.

Plate-forme avec des pièces de
deux livres de balles,
entassées à Pékin
et à Con-chou-fou.

Afut d'une Pièce
de Campagne.

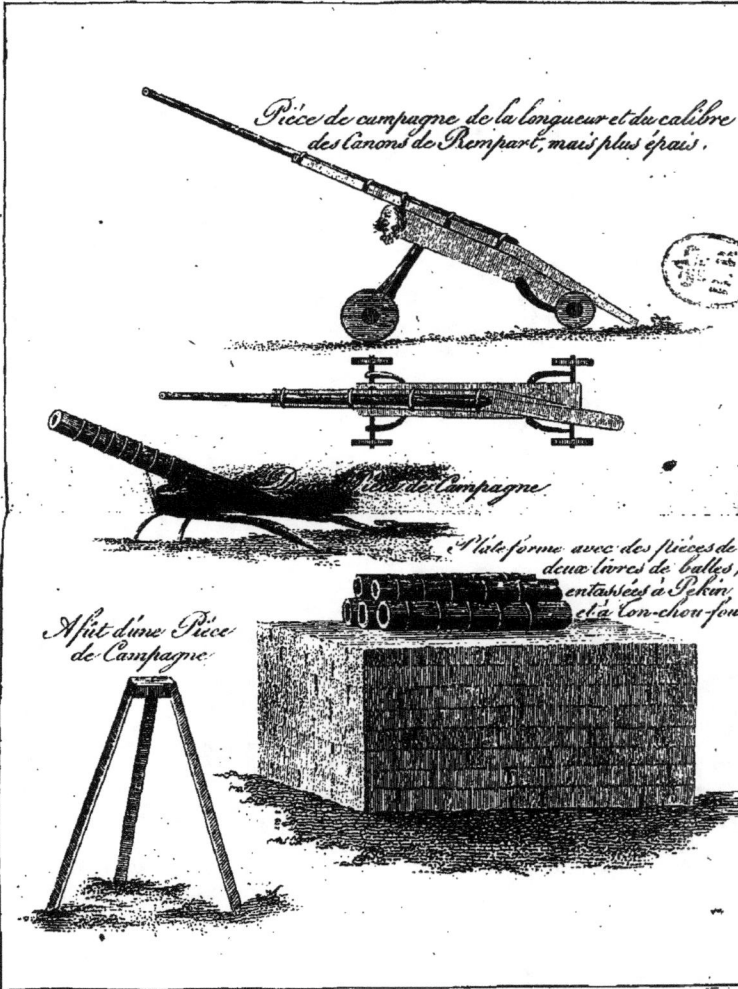

Artillerie, Mousquets, &c.

1. Canon de fer de 4 livres de balle, 8 pieds de long, à Han-chou-fou.

2. Canon de 4 livres de balle, 8 pieds de long, à Chang-tan-Chien.

Instruments de Musique.

Guitarre à trois Cordes

Guitarres à quatre Cordes

Violons à deux Cordes

Flûte de Banbou

Flûte

Cet Instrument est composé de plaques de Métal et n'en sert dans les cérémonies Sacrées.

Trois Trompettes

Lyre à onze Cordes de Métal

Petit Gong, ou Lou

Petit Tambour

Tambour pour les Cérémonies Sacrées

PL. XII.

Cloche renversée.

Feuille d'une Cloche.

Grande Cloche de Canton de 20 pieds de diamètre et de 16 pouces anglais d'épaisseur.

Bloc de bois sculpté en forme de Cœur placé dans la Conque.

Clochette de Métal.

Petite flûte.

Tambour.

Tambour drapé.

Incertain.

2 Castagnettes.

Cymbales.

Cymbales à baguettes.

Gong ou Low en Métal.

Cloche de Pekin, Gongs, Cymbales &c.

Toha ou Camp-? Exposition.

PL. XVII.

Dame chinoise avec son fils.

PL. XVIII.

Palais d'un Mandarin.

Village et Paysans.

Bateau passant sur un glacis.

Moulin à Riz.